ANIMAIS ESTRANHOS

AXOLOTE

ESCRITO POR AMY CULLIFORD

TRADUÇÃO DE EVANDRO RODRIGUES

Um livro da Crabtree Raízes

Crabtree Publishing

crabtreebooks.com

Auxílio Educacional para Professores e Educadores

Este livro ajuda crianças a se desenvolverem por meio da prática da leitura. Aqui estão algumas perguntas de orientação para ajudarem o leitor no desenvolvimento de sua capacidade de interpretação de textos. Veja algumas opções de respostas em vermelho.

Antes da Leitura:

- Sobre o que será este livro?
  - *Acho que este livro é sobre um animal estranho que se chama axolote.*
  - *Acho que este livro é sobre onde vivem os axolotes.*
- O que eu quero aprender sobre esse assunto?
  - *Eu quero saber o que os axolotes comem.*
  - *Eu quero saber porque os axolotes possuem coisas estranhas na cabeça.*

Durante a Leitura:

- Por que será que...
  - *os axolotes possuem guelras?*
  - *os axolotes vivem somente na água?*
- O que eu aprendi até agora?
  - *Aprendi que alguns axolotes põem ovos.*
  - *Aprendi que pernas crescem em todos axolotes.*

Após a Leitura:

- Que informações obtive sobre esse assunto?
  - *Aprendi que os axolotes possuem pequenos dentes.*
  - *Aprendi que os axolotes nadam na água.*
- Leia o livro novamente e procure a palavras do vocabulário.
  - *Vi a palavra* ***guelras*** *na página 6 e a palavra* ***ovos*** *na página 10. As outras palavras do vocabulário encontram-se na página 14.*

Chuá! Estou vendo
um **axolote**!

Axolotes vivem somente na água.

Todos axolotes possuem **guelras**.

Axolotes usam seus pequenos **dentes** para comer.

Alguns axolotes podem pôr **ovos**.

Crescem **pernas** em todos axolotes.

Lista de Palavras

Palavras Visuais

água	na	seus
alguns	para	todos
comer	pequenos	um
crescem	podem	usam
em	pôr	vendo
estou	possuem	vivem

Palavras Novas

axolote

dentes

guelras

ovos

pernas

31 Palavras

Chuá! Estou vendo um **axolote**!

Axolotes vivem somente na água.

Todos axolotes possuem **guelras**.

Axolotes usam seus pequenos **dentes** para comer.

Alguns axolotes podem pôr **ovos**.

Crescem **pernas** em todos axolotes.

ANIMAIS ESTRANHOS

AXOLOTE

Escrito por: Amy Culliford

Elaborado por: Rhea Wallace

Elaboração da Série: James Earley

Revisora: Melissa Boyce

Consultora Educacional: Marie Lemke M.Ed.

Fotografias:
Shutterstock: Natalay Studio: cover; Tum UR: p. 1; Maria Dry Shout: p. 3; Nyura: p. 5; Kostyantyn Sulima: p. 7; MK Studio: p. 9; fotocat5: p. 11; Lord Benedict: p. 13

Crabtree Publishing

crabtreebooks.com 800-387-7650

No Canadá: agradecemos o apoio financeiro do Governo do Canadá por meio do Canada Book Fund para nosso trabalho editorial.

Printed in the U.S.A./CP2025

Publicado no Canadá
Crabtree Publishing
616 Welland Ave.
St. Catharines, Ontario
L2M 5V6

Publicado nos Estados Unidos
Crabtree Publishing
347 Fifth Ave
Suite 1402-145
New York, NY 10016

Catalogação na Publicação pela Library and Archives Canada
Disponíveis na Library and Archives Canada

Dados de Catalogação na Publicação pela Biblioteca do Congresso
Disponíveis na Biblioteca do Congresso

Hardcover: 978-1-0398-8131-0
Paperback: 978-1-0398-8492-2
Ebook (pdf): 978-1-0398-8251-5
Epub: 978-1-0398-8371-0
Audio: 978-1-0398-8534-9
Read-Along: 978-1-0398-8576-9